Monsieur Léopold Delisle, Membre de l'Institut

Hommage de son tout dévoué

Ch. de Beaurepaire

NOTES

SUR

LES SERVICES FIEFFÉS

PAR

CH. DE BEAUREPAIRE

ROUEN

IMPRIMERIE DE ESPÉRANCE CAGNIARD

Rues Jeanne-Darc, 88, et des Basnage, 5

1886

NOTES SUR LES SERVICES FIEFFÉS

Depuis la publication du savant ouvrage de M. Léopold Delisle sur la condition de la classe agricole et l'état de l'agriculture en Normandie au moyen-âge, il n'est plus permis d'ignorer que, dès le XIIe siècle, le servage avait disparu entièrement de notre province.

Cependant, lorsqu'en parcourant les aveux et autres documents postérieurs à cette époque, on rencontre des mentions de services personnels, parfois singuliers, attachés à la possession de fiefs nobles ou roturiers, la première pensée qui se présente à l'esprit, c'est qu'on se trouve en présence de restes de servage. Mais un examen, quelque peu attentif, amène bientôt à reconnaître que ces services avaient été librement consentis, qu'ils ne répugnaient aucunement aux paysans de l'ancien temps, lesquels, suivant toute vraisemblance, y voyaient un avantage réel, et non une atteinte à leur dignité personnelle ou à leur liberté.

Un homme élevé dans les idées de notre siècle, qui

serait mis en possession d'un domaine étendu, n'aurait rien de plus pressé, s'il ne pouvait le faire valoir lui-même, que de le louer à un ou plusieurs fermiers, moyennant un prix d'argent et pour une période d'années déterminée. Obligé de procurer aux preneurs les bâtiments nécessaires à leur exploitation, il se garderait de trop diviser sa propriété; il aimerait mieux avoir affaire à un seul particulier, notoirement solvable, qu'à plusieurs petits cultivateurs, besoigneux, sans avances, qui le laisseraient inquiet sur le paiement de ses fermages, qui pourraient même tomber à sa charge, au lieu d'être pour lui une occasion de profit. Eclairé par une expérience constante sur la variabilité du pouvoir de l'argent, il aurait peine, s'il concédait sa terre pour un prix modéré, à s'interdire l'espoir d'en augmenter le fermage dans des baux ultérieurs et successifs.

Au XIIIe siècle (la pauvreté de nos archives ne nous permet pas de remonter plus haut), un seigneur, ou, pour parler plus simplement, afin de ne pas être dupe des mots, un propriétaire, que nous supposerions, par une circonstance quelconque, mis en possession de ce même domaine, aurait agi d'une manière différente. Après s'etre réservé ce que lui-même, avec un petit nombre de domestiques, il aurait pu faire valoir, il aurait fieffé le reste à perpétuité, à un nombre considérable de tenanciers, ou moyennant des rentes en argent invariables (c'était l'accensement), ou moyennant une part proportionnelle dans la récolte, comme une gerbe sur six (c'était le champart), ou moyennant des services de toute sorte, propres à l'aider, soit dans sa propre exploitation agricole, qu'on appelait le domaine non fieffé, soit dans les diverses conditions de la vie. Dans ce second système, domesticité à peu près nulle ; propriété divisée à l'infini, mais grevée à tout jamais de charges très variées, qu'il fallait reconnaître dans les aveux, lors des mutations, et, chaque année, à la tenue des plaids et gage-plèges ; fixité de part et d'autre, dans les conditions de la concession, services fieffés de toute nature.

Je ne prétends pas donner l'avantage au second système sur le premier, ni me porter le défenseur du régime féodal, qui avait, d'ailleurs, au point de vue politique, administratif et judiciaire, d'autres caractères que ceux que je viens de signaler. Je ne prétends pas non plus en expliquer l'adoption par un sentiment réfléchi d'humanité, en supposant à ceux qui nous ont précédés des sentiments que nous n'avons pas nous-mêmes. Ce fut l'œuvre de circonstances économiques et sociales auxquelles il semble que la volonté de l'homme n'ait eu qu'une part assez restreinte, d'où vint que, dans toute l'Europe, malgré la différence des races, le même régime prévalut. Il résulta cependant de ce système, qu'on le juge avec sévérité ou avec indulgence, il résulta, disons-nous, de ce système de la fieffe, un avantage très important, et même trop important pour qu'il eût pu se produire sans de vives réclamations, si le changement ne se fût opéré sur une très vaste échelle, et dans une progression ménagée de telle sorte que l'effet n'en fut sensible que lorsqu'il eut été consacré par le temps et fut devenu irréparable. Les prix en argent ayant été fixés d'une manière invariable, une portion très nombreuse de la classe agricole vit sa condition s'améliorer au point de devenir propriétaire sans charges bien sensibles, au fur et à mesure de la dépréciation des espèces d'or et d'argent, communes depuis la découverte du Nouveau-Monde, d'une grande rareté au moyen-âge. Quelques sous, quelques deniers, retenus par le propriétaire ou seigneur primitif, comme prix de concession de terres, avaient pu être regardés, à l'origine, comme l'équivalent de la jouissance à laquelle il renonçait. Mais au XVIIe, et plus encore au XVIIIe siècle, pourrait-on déterminer, par une mesure exacte, jusqu'où étaient tombés de pareils revenus ? Pour bien des propriétaires, auxquels la vanité, vivante des deux côtés, faisait envier le titre de seigneurs, ces revenus valaient-ils même les frais que nécessitait leur recouvrement, toujours incertain et contesté, et qui s'opérait par des feudistes ou de petits magistrats chargés de tenir les plaids ? De l'usage où l'on avait été de considérer certains services comme prix de la terre, il résulta aussi cet avantage très sérieux, que nombre de particuliers purent prendre rang parmi les propriétaires sans avances et sans bourse délier. Ces services subirent, du reste, l'avilissement des rentes en argent. On y renonça d'autant plus volontiers que les seigneurs abandonnèrent peu à peu toute exploitation agricole, pour aller, les uns à la cour, les autres dans les villes où les attiraient des charges brillantes ou lucratives et les plaisirs d'une société polie, en quoi nous ne serions pas fondés à les reprendre, puisque nous n'agissons pas autrement qu'eux. Quelques-uns de ces services paraissent encore, il est vrai, dans les aveux des derniers siècles, parce que les aveux étaient des actes dont on respectait la teneur, alors même qu'on avait cessé d'en comprendre le sens. Mais, à part quelques exceptions, des avantages de pareille nature ne comptaient pour rien, ou, du moins, pour bien peu de chose, dans la fortune des particuliers qui en jouissaient : il ne faut guère y voir que des marques assez puériles d'antiquité ou de dignité de fief. Le bail partout avait remplacé la fieffe ; la domesticité, les salaires à la journée, au mois, à l'année tout au plus, avaient été partout et depuis longtemps substitués aux services héréditaires, qui ne répondaient plus aux besoins d'une société nouvelle, éprise de l'amour de l'indépendance et très portée pour le changement.

M. Léopold Delisle cite, comme ayant été l'objet d'inféodations de terres, les offices et les métiers les plus divers, tels que ceux de berger, de boulanger, de bouvier, de brasseur, de buandier, de charpentier, de charretier, de forgeron, de fournisseur de fil à coudre, de maréchal, de poissonnier, de porcher, de prévôt et sergent, de tonnelier, de vanneur, jusqu'à celui de guide sur des chemins dangereux. De cette manière, ainsi qu'il le fait justement observer, la plupart des fiefs étaient fournis des artisans à l'industrie desquels le paysan doit le plus ordinairement recourir. En attachant à leurs terres les ouvriers agricoles les plus indispensables, les seigneurs, ecclésiastiques ou laïques, n'avaient fait, sous l'impulsion de la nécessité, qu'appliquer, dans leur intérêt et autant qu'il avait dépendu d'eux, la règle d'administration que Charlemagne prescrivait à ses agents, de pourvoir ses domaines d'ouvriers capables, tels que charpentiers, cordonniers, forgerons, orfèvres, tourneurs (1).

Ces services fieffés, même en s'en tenant à la Normandie, pourraient faire l'objet d'une étude approfondie, qui ne manquerait pas d'intérêt. Je dois me borner en ce moment à quelques notes que je prendrai à dessein dans des localités voisines et qui vous sont connues.

On voit que, dès le XIIIe siècle, les moines de Saint-Wandrille s'étaient dégoûtés des services fieffés, au moyen desquels, en vertu de conventions, vraisemblablement anciennes, ils avaient pu satisfaire aux besoins de la vie commune, en ce qui concerne le temporel. C'est ainsi qu'ils rachètent le métier de vanneur des blés du couvent, en 1271 ; celui de charretier, la même année ; celui de gardeur de porcs, en 1276.

En mai 1258, ils avaient racheté, moyennant 7 livres, le métier de Perronnelle de Martainville, de la paroisse Saint-Paul près Rouen : elle devait héréditairement leur fournir le fil nécessaire pour coudre leurs vêtements ; elle avait droit pour cela, à certaines livraisons de mets, à certaines dîmes, à certains champarts de lin et de chanvre dans les terres de l'abbaye.

Puisque, dans ce cas, comme dans les autres indiqués ci-dessus, il y eut rachat par le couvent moyennant un prix d'argent, force est bien d'admettre que rien ne ressemblait moins au servage, comme nous l'entendons,

(1) M. Léopold Delisle, *Études sur la condition de la classe agricole*, etc., p. 44.

que les services en question, et qu'en somme ils devaient être, tout compensé, plus avantageux qu'onéreux à ceux qui en étaient chargés.

Pour d'autres services fieffés, les mêmes religieux se contentèrent de se faire dispenser, moyennant finance, de quelques obligations qui leur paraissaient gênantes. Ainsi Gautier d'Esquetot, de la paroisse Saint-Laurent-de-Brèvedent, vend à l'abbé de Saint-Wandrille, pour 12 l. t., le *conroi* qu'il percevait chaque année, lui et sa suite, dans l'abbaye ou hors de l'abbaye, lorsqu'il y conduisait le sel du Roi, février 1259 (1). Jacques de Fontenay, du consentement d'Agnès sa femme, vend à un autre abbé, pour 15 l. t., le droit qu'il avait au monastère de Saint-Wandrille, à raison de son service de la maréchaussée, décembre 1284 (2).

(1) Cart. de Saint-Wandrille, f° VI^{xx} I.

(2) *Ibid.*, f° CXVIII. Roger Bense avait reçu des religieux de Saint-Wandrille les maisons occupées par Thomas Le Boulanger (*pistor*) et par Gillebert, son père. Il renonce à *totum feodum quod clamabat in pistrino predicte abbatie et in camera abbatis*, *1211*. Cart. de Saint-Wandrille, f° CXVII v°. — Jourdain, fils d'Hélie de Longueil, chevalier, donne à Saint-Wandrille *omnes comestiones et omnia conreia que habebat in abbatia et in villa S. Wandregisili et omnia hospitia et totum etiam stramen quod habebat hereditarie in granchia dictorum monachorum apud Longolium*. Ces droits consistaient en 4 conrois par an ; il pouvait se faire accompagner de 2 chevaliers et de 9 chevaux, mars 1222. *Ibid.*, f° VI^{xx} I. — *Droco* Le Monnier, de la par. de Rançon, et Emmeline, sa femme, vendent à l'abbé de Saint-Wandrille, pour 50 s. t., ce qu'ils avaient droit de prendre en l'abbaye, en pain, vin, viande, *quaounque ratione*, 1250. *Ibid.*, f° CXVI. — Laurent Delaître, Guill. de Chaumont, Jean Le Tellier et Haysè, sa femme, Thomas Boillefer et Emmeline, sa femme, promettent, pour eux et pour leurs héritiers, de payer plein

Si de Saint-Wandrille nous passons à une abbaye non moins célèbre et qui n'en était éloignée que de deux lieues, à Jumièges, nous y retrouvons des services fieffés, très nombreux, et qui subsistèrent longtemps après le XIIIe siècle.

Tous ces services procuraient à ceux qui en étaient chargés des droits d'usage dans la forêt de Jumièges.

Il en est question dans un mémoire composé par un religieux de Jumièges, peu de temps après que la réforme de la congrégation de Saint-Maur eut été introduite dans ce monastère.

Bien qu'il soit un peu long, le passage vaut la peine d'être rapporté.

« La forest de Jumièges est le propre, particulier et véritable domaine des religieux.

« Toutefois les religieux, considérans que leurs vassaux avoient esté, pour la pluspart, leurs domestiques, qu'ils tenoient de ladicte abbaye leurs héritages à servage, parce que les uns devoient faire la cuisine, les autres la lecive, garder la porte, avoir soin de leurs chevaux, garder leurs bœufs, leurs porcs, etc., ainsy qu'il est porté dans leurs aveux;

« Considérans encore qu'ils avoient droict de mor-

relief à l'abbé pour tous les métiers qu'ils possédaient à titre de fieffe, *feodaliter*, en l'abbaye de S.-Wandrille, avril 1257. *Ibid.* fo IIIIxxXVI. — Laurent Delaître, l'un des contractants, vendait trois ans après, à l'abbé de S.-Wandrille, pour 100 s. t., 10 s. de rente assignés sur le métier de la lavanderie qu'il possédait en l'abbaye, novembre 1260. *Ibid.*, fo CXVIII vo. — Nicole Laiesié, de la par. de S.-Wandrille, fait abandon d'une rente sur un métier en l'abbaye de S.-Wandrille, 1293. *Ibid.*, fo VIxx I.

tuaire et de s'attribuer les biens et moubles des habitans de Jumièges et du Mesnil, lorsqu'ils venoient à décéder, en sorte que lesd. habitans ne pouvoient faire aucuns testamens sans leur permission, auquel cas les religieux se réservoient le tiers des biens et meubles de ces bonnes gens, ce qui est évident par plusieurs sentences, par quantité de lettres de testaments, ainsy faits par lesd. habitans, et mesme par l'adveu qui a esté rendu au roy, en 1526, par François de Fontenay, abbé de Jumièges;

« Les religieux, dis-je, considérans ces soumissions, eurent des bontez pour lesd. habitans des deux paroisses de (Jumièges et du Mesnil).

« Ils leur accordèrent grand nombre de terres en commun pour servir de pasture à leurs animaux, à la charge de payer un sol au monastère par chascun feu.

« Ils leur permirent de mettre leurs porcs en la forest de Jumièges, en la saison du pasnage.

« Ils les tolérèrent et, pour ainsi dire, dissimulèrent de les laisser paistre leurs bestiaux en ladicte forest, pourveu que ce fust hors taillis, c'est-à-dire dans les bois de haulte futaye ou qui eussent dix ans; car lorsqu'on faisoit abbattre une partie de la forest, on la tenoit ensuite close et fermée jusques à ce que le bois eust attaint dix années, et c'est ce qu'on appeloit hors taillis et deffendz.

« Mesmes, estant arrivé en certain temps que l'on fust obligé de fermer et clorre la plus grande partie de la forest, à cause qu'elle estoit abroutye, afin de donner loisir au bois de croistre, on permit, en ce rencontre, ausdits habitans d'envoyer paistre leurs bestiaux en la forest de Braquetuit, qui auparavant avoit esté deffendue par sentence, jusques à ce que l'autre bois fust venu en une juste grandeur, et hors taillis.

« Toutes ces bontez, toutes ces tolérances et dissimulations passèrent en coustume. Les habitans en firent une loy et un droit. Ils avancèrent que toute la forest leur estoit commune, que le sol qu'ils payoient pour les communes pastures estoit pour la forest, et qu'elle n'estoit pas plus propre aux religieux qu'à eux.

« Mais enfin ils obtindrent des religieux ce qui leur avoit esté refusé par les abbez ; car, en 1579, la forest de Jumièges estant escheue en partage ausdits religieux, on fit une *transaction* avec eux, par laquelle on leur permit d'y envoyer paistre leurs bestiaux, pourveu que ce fust hors tailliz et en lieux non deffenduz.

« On leur permit aussi de prendre, pour leur chauffage, le boys qu'ils trouveroient estre mort sans aucune amende.

« Les paroissiens s'obligèrent de payer 5 sols pour chaque pied de haistre, soit grand, soit petit, s'ils venoient à les couper ; mais il leur estoit deffendu de toucher aux chesnes.

« On leur continua la permission d'envoyer leurs bestiaux aux forests du Homme et de Braquetuit, dont ils avoient esté évincez par sentence, lesquelles deux forests estoient apparemment lors abrouties et sont maintenant meslées avec les communes pastures, et dont cependant ils jouissent, comme si elles leur appartenoient.

« Les habitans, trouvant leur compte en cette transaction, ils déclarèrent que les religieux pouvoient user de leur forest, ainsi qu'ils avoient usé par le passé.

« Ensuite de cela, ils employèrent en la pluspart de leurs adveux leurs prétendues droictures de la forest, et ils y adjoustèrent, par usurpation et innovation, des franchises aux marchez de Ducler.

« Cela leur fut toléré pendant quelque temps, soit qu'une partie des anciens religieux fussent de leurs parents, soit parce que les recepveurs de la paroisse de Jumièges estoient du nombre des parroissiens, lesquels mesmes en diminuèrent les rentes.

« Mais la réforme de la congrégation de Saint-Maur ayant esté introduite en ce monastère, on blasma, dans la suite des temps, plus de 150 de leurs adveux par sentence de séneschal, ensuite de quoy beaucoup souscrivirent à leurs blasmes, et presque tous les autres les ont depuis reformez, ce qui suffit pour blasmer tous les autres. »

Entre les différents services fieffés auxquels il est fait allusion dans ce mémoire, je citerai, en premier lieu, celui de Roger Filleul, obligé héréditairement à faire la semonce des vilains et des bordiers. Un procès s'éleva, au sujet des droits et des charges de ce service, entre ledit Filleul et le couvent; il se termina à l'Echiquier de Pâques 1209, par une transaction entre les parties. Filleul renonça à quelques-unes de ses prétentions et se contenta de recevoir, comme rémunération ordinaire, tous les jours, en l'abbaye, une mesure de vin, pareille à celle qu'on donnait aux religieux, un pain, un bassin d'avoine, et, de plus, une fois chaque année, 12 mines de blé pour son août ; à Pâques, une tunique de la valeur de 20 sous, avec exemption, à son profit, de droits de pasnage dans les forêts qui dépendaient du monastère. La transaction fut conclue en présence de Guillaume Escuacol, châtelain de Rouen, de Cadoc, châtelain de Gaillon, de Luce, fils de Jean, châtelain de Gournay, des abbés de Fécamp, du Mont-Saint-Michel et de Jumièges, du doyen du Chapitre et du maire de Rouen, Robert Beaufils, dont le nom a été omis dans la liste qui a été donnée par notre savant confrère, M. Chéruel (1).

Un service fieffé pour la semonce des vassaux était un des plus communs. Ce fut aussi l'un de ceux qui partout durèrent le plus longtemps.

Le service de maréchal présente quelque chose de plus intéressant. Les charges et les droits qui en dépendaient sont spécifiés par le menu dans une charte latine du mois de mai 1234. Je ne ferai que la traduire, en l'abrégeant autant que je pourrai.

Droits : chaque jour deux pains du petit poids, une mesure de vin du second gallon, ou telle autre boisson à l'usage du couvent, un mets de cuisine consistant en six œufs ou quatre harengs, ou l'équivalent.

Tous les jours qu'il accompagnera l'abbé en voyage, à son retour, s'il y avait eu emploi de toute la journée, deux pains de grand poids et une mesure de vin à l'instar des sergents de l'abbé ou toute autre boisson à l'usage du couvent, et un mets de cuisine, consistant en six œufs ou quatre harengs ou l'équivalent.

(1) Voyez cette charte à la fin de ce mémoire.

S'il n'y avait point eu emploi de toute la journée, la livraison ou *disnarium* qu'on avait à lui fournir ne devait être que d'un pain du grand poids et d'un verre de boisson.

Si l'abbé en voyage mangeait dans sa chambre, il était loisible au maréchal de prendre son repas avec lui.

A la Toussaint, il recevait de l'abbé une tunique de vert ou de burnete ; à Noël, 12 d. pour une paire de souliers ; au matin, deux mets de cuisine, l'un de porc, l'autre de bœuf ou l'équivalent, un gâteau et quatre rois solles ; aux trois jours qui suivent Noël et dans toute l'octave, même nombre de roissolles ; le dimanche de carême-prenant, des gants de pâte ; le mardi suivant, au matin, deux mets de viande, l'un de chair fraîche, l'autre de chair salée, un morceau de bacon ou six deniers ; au soir, un mets de mouton ou un demi-chapon ou l'équivalent ; à la mi-carême, une livre de fleur de farine et une futaine ; à Pâques, 12 d. pour une paire de souliers et quatre roissolles ; aux trois jours suivants et dans toute l'octave, même nombre de roissolles et un flan ; à la Saint-Pierre et Saint-Paul, fête patronale du monastère, un quartier de mouton.

Il avait droit aux cuirs des chevaux de l'abbé et à la vieille selle de l'abbé.

On le tenait quitte de tout droit, pour tout ce qui était à son usage, dans les ports, dans les marchés, dans les villes, dans les forêts de l'abbaye. Son cheval était logé et nourri dans l'étable de l'abbé. Les soins auxquels l'obligeaient la garde du grand pré dont on venait de faire une terre de labour étaient rémunérés au moyen de livraisons qui lui permettaient de vivre avec un domestique et un chien de garde.

Obligations : Le maréchal devait se mettre en route avec l'abbé et l'accompagner jusqu'à Rome, s'il plaisait à ce dernier. Il devait porter le froc de l'abbé, acheter le foin et tout ce qu'il fallait sur le chemin pour les chevaux ; en temps de guerre, se présenter à l'armée avec les chevaliers que fournissait le monastère, et se mettre à leur disposition pour l'achat de leurs provisions ; offrir, de la part de l'abbé, les présents destinés au Roi, à l'archevêque, au comte ou à tout autre grand personnage ; les servir pour l'honneur de son maître, quand ils venaient loger en l'abbaye ; distribuer chaque jour le foin et l'avoine aux chevaux de l'abbé ; acheter les selles, les freins, les sangles et autres objets d'équipement, faire une taille avec le fèvre pour les ferrements des chevaux, raser et tondre les chevaux, car il y avait alors une distinction à faire entre un maréchal et ce que nous appelons un maréchal-ferrant ; assigner en justice les vavasseurs de Jumièges, d'Yainville et du Mesnil, sur l'ordre de l'abbé ou du bailli. Il lui était interdit de s'absenter de l'île de Jumièges et de prêter son cheval sans l'autorisation de l'abbé. Homme de l'abbé, il était aussi homme des religieux, et devait se mettre en route pour toutes les affaires qui intéressaient l'abbaye.

Ce service était certainement très ancien et tenu en haute estime (1).

(1) On rencontre comme témoins dans les chartes de Jumièges, Mathieu Maréchal, 1200, 1207, Richard Maréchal, 1212, mars 1234

Le 17 des calendes de janvier 1212, Richard Le Maréchal (ce nom, comme on voit, se confondait encore avec celui de la fonction ; l'hérédité des noms n'est venue que plus tard), Richard Le Maréchal, Denise, sa femme, et Aubin, leur fils aîné, avaient abandonné en pure aumône, à l'abbaye de Jumièges, entre les mains de Robert, archevêque de Rouen, toutes les dîmes qui leur appartenaient à raison du fief de la Maréchaussée, tant en blés qu'en vins, fruits et autres choses, et une portion de champart qu'ils percevaient d'un nommé Guillaume Saukes (2).

Cet office de maréchal ne survécut pas au XIVe siècle (3). En 1398, il se trouvait être la propriété de plusieurs familles représentées par un vassal qu'on qualifiait l'aîné. C'étaient Jean Gouffre le jeune, aîné du fief, Ri-

(*Ricardo Marescallo domini abbatis Gemmeticensis*), Philippe Maréchal (*Philippo tunc Marescallo domini abbatis Gemmeticensis*), 1254, fév. 1259. — Richard dit *Marescallus*, curé de Ste-Croix des Pelletiers de Rouen, et son frère Jean, comme lui ecclésiastique, à en juger par la qualification de *dominus* qui lui est donnée, vendent à l'abbaye de Jumièges une rente anuuelle de 30 s. sur un terrain que les religieux avaient fait entrer dans la nouvelle clôture de leur abbaye, 1248.

(2) Au bas de la charte, sceau de Richard Maréchal, à cheval, vêtu comme un chevalier, si ce n'est que la main droite porte, au lieu d'une épée, un objet qui paraît être une branche de bois sans feuilles. Au bas du sceau, un fer à cheval. C'est le même sceau qui se trouve appendu à la charte de 1234. La légende est *S. Ricardi Le Mareschal.*

(3) Denise la Marescale, femme de Jean Martel, de Jumièges, vend aux religieux de Jumièges, pour 8 liv. t., le droit qu'elle avait de recevoir d'eux, chaque année, à raison de son fief de la maréchaussée, une tunique *de panno viridi seu de burneta,* d'une valeur de 20 s. t., lad. vente approuvée par son mari, oct. 1280.

chard de Conihout, Raoul Marescal, Jean Vauquelin, Raoul Vauquelin, tonnelier, Raoul Duhamel, Raoul Vauquelin du Port, Guillot Vauquelin, Raoul Avril, Jean Marescot, Roger Clarel, Thomas Viart, tous en leurs noms, Pierre le Nepveu, en son nom et au nom de sa femme, Robert Boulard, Simon Clarel, Colin Le Villain, Jean Lambert, Pierre Cauvin, Roger Cornée, Raoul Mullot, Robert Thiebert, Pierre Gaignet, Guillaume le Sergent, Philippe Duhamel, à cause de leurs femmes.

Vingt-quatre serviteurs pour un seul office ! et pourtant dans le nombre les religieux auraient eu de la peine à trouver le maréchal, bien élevé, qu'il leur fallait; l'aîné, bien que responsable et chargé en quelque sorte de la centralisation des services, ne paraissait pas être de la qualité requise.

Toujours est-il que les tenanciers du fief au maréchal se trouvaient fort empêchés, lorsque les religieux, pour raison de leur fief, leur faisaient demande d'un serviteur, « experte et suffisante personne et convenable pour servir et faire présent au Roy notre sire, ducs, comtes, archevesques, évesques et autres prélats ou seigneurs. » Il ne se rencontrait parmi ces paysans personne qui voulût se charger de cette mission, honorable sans doute, mais embarrassante pour de pauvres gens.

Ceux-ci requirent donc, « à grande instance, qu'on leur voulsist achenser ledit service à certaine rente par an ». Les religieux, *inclinans* à cette requête, substituèrent aux anciennes obligations celle de payer 60 s. de rente par an, et furent, en retour, affranchis, à l'égard des tenanciers, de toutes les droitures et libertés que nous avons fait connaître, notamment des livraisons de pain et de vin.

Il fut dressé de cette transaction un acte authentique qu'on peut voir dans les registres du tabellionage de Rouen, à la date du 8 mars 1398.

A partir de ce moment il y eut encore un fief dit de la maréchaussée; mais cette *désignation* n'avait plus d'autre valeur que celle d'un souvenir historique.

Il en avait été de même des offices des quatre queux fieffés. Que restait-il de leurs fonctions en 1524? Une obligation accessoire, celle, pour le cuisinier, « de faire défendre la forest aux trois paroisses de Jumièges, du Mesnil et d'Yainville (quand il y avoit pasnage) à la mi-août ou le premier dimanche d'après, jusques à la S.-Mathieu, et de faire visiter lad. forest par les quatre queux fieffés et par le seigneur de la Lieue et par le prévost des vilains fiefs et par le portier fieffé. »

Ce dernier officier était un nommé Cardin Ouyn, qui, quelques années plus tôt, le 24 mars 1519, avait, pour lui et pour ses puînés, fait substituer une rente en argent à un service, jusque-là personnel et vraisemblablement assez mal rempli, celui « de garder, par chacun jour de l'an, la porte de l'hostel et abbaye, et icelle porte, de jour et de nuyt, clorre et ouvrir, toutes foys que mestier, pour le prouffit d'icelle abbaye, sans y commettre ny permettre aucun abus ne fraulde, sous peine d'en répondre. »

Un peu plus tôt, ou un peu plus tard, les offices de

vacher, de vigneron, de bouvier, de porcher et de lavandier subirent la même transformation.

Jean Le Vacher tenait par foi et hommage le fief dit du Vacher, sis au Mesnil-sous-Jumièges, d'une contenance de cinq acres.

A raison de son fief, il devait garder les vaches qui appartenaient à l'office du cuisinier du couvent et qui étaient mises au manoir du Mesnil ; il devait les traire, faire les *fourmages*, ayant pour sa peine le lait *mesgué* de la semaine et tout le lait du dimanche matin.

Il portait les fromages à la cuisine de l'abbaye, les y salait avec le sel qu'on lui fournissait et recevait, à cette occasion, une *denrée de cuisine* du cuisinier.

Quand il plaisait à ce dernier de prendre une des vaches et de la faire tuer, le vacher en avait « *l'aler et le parler,* c'est assavoir la teste et la langue emprés 2 joints du cou et les 4 pieds par les genoux. »

Si le cuisinier prenait un veau de lait, il ne lui en appartenait que les quatre quartiers et la peau ; le reste était pour le vacher.

Le vacher avait au même manoir « une vache sienne, laquelle était repue de fourrage et d'herbage comme celle du cuisinier ».

Pour son service, il recevait chaque semaine 21 pains nommés bisets ; aux fêtes de Noël, de Pâques et de la Toussaint, 4 pains d'orge et 2 mesures de petit-boire ; aux mêmes fêtes de Noël et de Pâques, à chaque jour, 7 d. pour faire ses offrandes ; au jour de la S.-Pierre et S.-Paul, un quartier de mouton, à prendre en la cuisine du couvent ; à carême-prenant, « uns gans de paste, et une livre de fleur de farine; chaque jour de carême, une mesure de petit boire, un mets de pois aux hôtes; une fois dans l'année, un demi boissel terchené de froment, un demi boissel terchené d'orge, pour quoi il donnoit une géline. » Il était franc à toutes foires et marchés des religieux, pour tout ce qu'il vendait ou achetait à raison de son *estorement* et aussi pour tout ce qui avait cru sur son fief; franc à tous ports et passages; franc de taille de bois et de tout droit de pasnage et d'étoublage pour les porcs qu'il mettait en la forêt. « Quand le cas s'offroit que ledit Vacher ou l'aîné du fief trepassât, » le fief devait aux religieux un relief évalué à 60 sous un denier.

Au commencement du XIVe siècle, les tenants de ce fief étaient au nombre de sept : Jean le Vaquier l'aîné, Philippe De Poys, Robert Osmont, Martin Le Machon, Drouet Hardy et un prêtre, messire Denis de Quiefdeville.

« Ils requirent, à grant instance, aux religieux comme ils voulsissent assencer ledit servage, disant que bonnement ne pourroient faire ledit servage. » Leur demande fut favorablement accueillie. Ils *quittèrent* au monastère tous les droits ci-dessus énoncés, « sauf les coustumes du creu audit fief avec 2 pors francs de pasnage et la taille du bois, » et, de son côté, le couvent « les mit hors de servage, » moyennant 20 s. t. par an, à payer par l'aîné, quitte à lui à se rembourser sur ses puînés, « en tant qu'ils en seroient tenans. » L'accord est du 21 avril 1402.

On comptait pour le fief de la Vigne jusqu'à 14 tenanciers en 1410. Ce fief devait, chaque jour, aux religieux de Jumièges « un serviteur pour servir et labourer toutes fois que mestier en étoit, en labour de vingnes, lequel labour devoit être fait pour chacun jour en grand clos de la grand'vigne dudit lieu de Jumièges. » Les tenanciers demandèrent l'assencement de ce service à certaine rente par an : elle fut fixée à 30 s. Ils renoncèrent aux livraisons de pain, de vin et de cuisine qui jusqu'alors leur avaient été payées. Les religieux continuèrent cependant à cultiver la vigne dans ce sol qui n'était pas fait pour elle. Ils la cultivaient encore au XVIIe siècle. Le vin dit de Conihout s'expédiait à l'étranger ; mais je ne saurais dire si c'était du vin, à proprement parler, ou du verjus.

Une vingtaine d'années après, autre assencement pour le fief du bouvier, sis à Jumièges, d'une contenance de deux acres et demie et de 30 perches. Le tenancier, Jean Levesque, « étoit tenu et subget à mener ou faire mener, toutes foys que besoing ou mestier en estoit, la carue ès terres des religieux, avec 60 s. 1 d. pour le relief, à cause duquel service il avoit acoustumé prendre et percepvoir 7 pains d'orge, quant il labouroit ès terres du marest, et 6 pains, semblablement d'orge, quant il labouroit ès terres de la Pierre, et, à jour de feste, chinc pains, 3 chopines de boire par chacun jour et 1 petit pain bis, et, à caresme prenant, de char fresche pour 6 d. et autant de salée, un cartier de mouton, en argent 6 d. avec la chausseure de souliers et ung varlet pour lui aidier à mener la charrue. » On était à l'époque la plus terrible de la domination anglaise ; le petit bien de Jean Levesque

« étoit venu à très petite valeur, et les édifices en grande ruine. » Le malheureux bouvier « se tourna par plusieurs fois devers les religieux, humblement requérant qu'ils voulsissent reprendre en leurs mains son héritage et le descharger des servages, offrant semblablement leur quittier les livrées dessus dictes en toutes choses, ou qu'ils lui accensassent les servages à prix d'argent. » Le couvent eut égard à sa requête : le bouvier fut rendu à la liberté moyennant une rente annuelle de 40 s. et l'abandon fait par lui de toutes les livrées ; il ne lui resta que « la franchise de taille de tourtel, et le droit d'avoir 2 porcs au pasnage, comme avoient accoutumé avoir les vavasseurs de la baronnie de Jumièges. » La transaction fut passée au tabellionage de Rouen, le 17 août 1432.

Le fief au porcher ou porquier se maintint jusqu'en 1501. En retour de l'obligation qui lui était imposée de garder tous les jours de l'an tous les porcs au cuisinier de Jumièges, le tenancier de ce fief prenait, « chaque semaine de l'an, au jour de samedi, 25 bisés, chaque jour une (derrée) de cuisine et un mets de pois. Item, par chacun jour de karesme, 2 mets de pois, l'un de blancs, l'autre de roux, et semblablement, par chacun jour de karesme, 5 harengs roux. Item, tant comme le mois d'aoust duroit, par chacun jour, 4 pains d'orge. Item, toutes les fois qu'il y avoit paisson en la forest de mesdits sieurs, il devoit avoir, depuis la S.-Lô jusques à la S.-Andrieu, par chaque jour, 4 pains d'orge et 4 derrées de cuisine. Item, toutes les foys qu'il y avoit pasnage, ung quartier de porc comme les autres frans, et devoit servir les frans et aller quérir au cellier de l'abbaye pain et vin, et pour ce devoit avoir les demourans qui leur demouroient. Item, il devoit avoir de tous les pourcheaulx qui étoient tués en la cuisine de l'hostel de Jumièges, toutes les couardes de 3 joints d'eschine. Il devoit avoir, le jour de la S. Pierre et S. Pol, un quartier de mouton. »

Il devait au manoir du Mesnil, au jour S. Michel, une géline, mais pour cela il recevait à son choix, ou 1 boisseau de faine, ou 2 boisseaux d'avoine.

On lui donnait à la Toussaint, à Noël, à Pâques, 4 pains d'orge et ce qu'il lui fallait pour ses offrandes, comme aux autres francs servans ; le mardi de carême-prenant, une livre de fleur de farine et 2 *desrées* de cuisine ; le jour que le couvent faisait son carême-prenant, *uns gans de paste*, et chaque jour de l'an, 2 pains d'orge.

Il pouvait avoir un porc à lui, nourri en la porcherie du cuisinier avec les pourceaux du couvent.

En 1501, il y eut accord entre le tenancier de ce fief et les religieux, le tenancier fut dispensé de tout service, moyennant 30 s. de rente annuelle et renonciation aux livraisons accoutumées.

Cette même année, il y eut une transaction pour le fief du lavandier, d'une contenance de 18 acres, sis à Jumièges, occupé par un nommé Perrin Cauvin. Celui-ci devait faire toute la lavanderie du couvent ; il prétendait que les religieux étaient tenus de lui fournir « cuves, paille, bacquets, gateaulx, trevet, carrier, sac à porter le linge, 2 seilles de bois à porter l'eau, 1 batteur à lessive, toutes les cendres de la cuisine, de la pitancerie, de l'infirmerie et du dortoir, ainsi que tout le bois nécessaire à sa besogne. » On lui donnait, « chaque jour de l'an, 5 pains d'orge et 3 chopines de boisson et, toutes et quantes fois que on apportoit le linge blanc, un pain de couvent et un pain de boisson ; à Noël, 25 d., à la Toussaint, 15 d., pour faire ses offrandes ; ledit jour de la Toussaint 1 peliche et *unes botes* ; en carême-prenant une livre de fleur de farine et 1 paire de gants de paste, 6 deniers de chair fraîche, 6 deniers de chair salée et 12 d. de monnaie ; chaque jour de carême, un mets de pois et un mets de cuisine ; le jour de S. Pierre S. Pol (1), un quartier de mouton belin et 3 chopines de cervoise. » Il réclamait en plus exemption de taille de bois, exemption de coutume de guet, dans tous les ports et passages où les religieux étaient francs, exemption de pasnage pour ses porcs dans la forêt de Jumièges. Les religieux s'exonérèrent de ces livraisons moyennant une somme fixe de 12 l. par an ; on maintint la fourniture des principaux objets de lessive. L'obligation de

(1) Les rachats de livraisons de la fête S. Pierre S. Paul sont communs. Raoul du Mesnil-Vacher renonce au mouton, aux 8 pains, au setier de vin et au setier de cervoise, que ses ancêtres recevaient ce jour-là en l'abbaye, sans date, fin du XIIe siècle. Abandon, en 1211, par Raoul de Rokelunt, de 4 pains, un demi setier de vin, un demi setier de cervoise, une moitié de mouton, qui lui étaient dûs le même jour. Abandon, en 1300, par Guillaume d'Yville, d'un setier de vin, 1 setier de cervoise, 4 pains blancs, 4 pains bis, 1 mouton, qui lui étaient dûs le même jour. Robert Dalenchon, en 1278, avait renoncé, pour un prix d'argent, aux livraisons et offrandes qui lui étaient dues à raison de l'office de célérier.

faire la lavanderie du couvent resta attachée au fief.

D'autres fiefs n'obligeaient qu'à des corvées purement agricoles et toujours strictement déterminées.

Ainsi, le tenancier du fief aux Vaindeaulx ou ses puînés devaient « arer, herchier et semer, en saison de blé, séer, lier et tasser au champ, au mois d'août demi-acre de blé ; arer, herchier et semer, en saison d'avoine, demi-acre d'avoine ; faucher, houer et carier au fenil du manoir du Mesnil-sous-Jumièges demi-acre de pré, fournir une fois chaque année une ouée et 4 pouchins, quand la nef venait de France, » vraisemblablement avec un chargement de vins du crû de Longueville (1). Ils devaient encore 20 œufs à Pâques, terme généralement usité pour cette sorte de redevance, le tout pour l'office du célérier. La seule rétribution marquée dans les aveux de 1399 et de 1483 au profit de ces tenanciers, c'était une gerbe de blé au moment de la récolte.

Les tenanciers du fief aux Clèreaux, d'une contenance de 14 acres et demie, devaient venir, au temps qui leur était indiqué par le prévôt des vilains fiefs, « arer, herchier, semer, en saison de blé, séer et lier, au mois d'aoust, demi-acre de blé ; arer, herchier et semer, en saison d'avoine, demi-acre d'avoine ; fauquer, faner, charrier et tasser au fenil de l'ostel, c'est-à-dire du monastère, demi-acre du pré aux moines ; fournir, à la S.-Michel, 2 oues, à Pâques 20 œufs pour l'office du célérier ; à Noël, 3 poules pour le forestier de la forêt de

(1) Contrat de fieffe de 1426, où se trouve mentionnée pour le fieffataire l'obligation d'aider à amarrer la nef qui apporte les vins des religieux, quand elle vient de France.

Jumièges, » à raison sans doute de droits d'usage reconnus à ce fief dans cette forêt (Aveu de 1413).

Le tenancier du fief Savary devait « arer et herchier, en saison de blé, séer et lier, au mois d'août, demi-acre de blé; arer et herchier, en saison d'avoine, demi-acre d'avoine; fauquier, fener et carrier en la grange du monastère demi-acre de pré; fournir, à la S. Michel, 2 oues pour l'office du cellérier, à Noël, 9 gerbes et 2 gélines pour le forestier de la forêt. » Il recevait, comme rétribution, au moment de la récolte, une gerbe de blé liée, de la longueur de 2 blés (Aveu de 1426).

Le tenancier du fief Campart à Yainville devait « aerer 1 vergée de terre, en saison d'orge, à la grange d'Yainville; faucher, fener, carrier et tasser 1 vergée de pré en ladite grange; payer 6 deniers à la S.-Jean-Baptiste, 6 d. à la S. André, 12 d. avec une géline à Noël, et 6 d. à la mi-carême » (Aveu de 1486).

Le tenancier du fief Dumontier devait « aerer, pour le fermier de la grange d'Yainville, 1 vergée de terre en la saison d'orge, faucher, fener, quarier et lever au fenil du monastére 1 vergée de pré » (Aveux de 1492 et 1509).

Celui du fief Hersant, en cette même paroisse d'Yainville, d'une contenance de 4 acres et demie, devait « aerer une vergée de terre au manoir de la Lieue, en saison d'orge; faucher, fener, charrier et mener au fenil du monastère 1 vergée de pré; fournir, pour l'office du célérier, à la S. Jean, 3 deniers, à la mi-carême, 1 denier, à la S. André, 3 d., à Noël, 12 deniers et une géline » (Aveux de 1507-1508).

Le tenancier du fief Mahommet *alias* le Preux devait, « en saison de blé, aerer et herchier demi-acre de terre ; sier, lier et porter à la grange et tasser le blé ; en saison d'avoine, aerer, et herchier demi-acre de terre ; faucher, fener, charrier et mener à la grange demi-acre de pré ; réparer 6 perches de fossé ; aider à vider la cour du manoir. » Il avait à payer à la S. Jean 3 s. 6 d. ; à Pâques, 20 œufs pour l'office du célérier ; 6 d., 3 pouchins et une oue, à la S. Martin d'hiver ; à Noël, 3 s. 6 d. Il devait de plus, de 3 ans en 3 ans, 2 aulnes et demie de toile pour faire un sac où l'on mettait le grain qu'on portait du manoir d'Heurteauville à l'abbaye. Son seul avantage, en dehors de la possession de son fief, était une gerbe de blé, quand il portait le blé à la grange (1492-1530).

Le tenancier du fief Fleury et ses parçonniers devaient fauquier, fener, quarrier, tasser au fenil 1 vergée de pré. Il payait le campart de sa ferme, c'est-à-dire une gerbe sur 6, et, de plus, une fois par an, un croquet à bas (XVe siècle).

Le tenancier du fief Ferrant devait « aérer, herchier demi-acre de terre, en saison de blé, et demi-acre en saison d'avoine » (XVIe siècle).

Ces tenanciers devaient, de plus, les uns des branches de buis le jour de Pâques-fleuries, rendues et livrées à l'abbaye; les autres, quelques boisseaux d'*yerre*, le jour du *vendredi aoré* ; d'autres devaient une livraison d'œufs en même temps que le lierre. Un très grand nombre, indépendamment de ces prestations peu onéreuses et minutieusement déterminées, étaient assujettis à la préparation des harengs saurs qui servaient à la nourriture des religieux, préparation que l'on appelait le finquage.

Quelques-uns devaient ce que l'on appelait le sommage. Ils allaient quérir sur leurs chevaux le blé du couvent à la grange de Motteville-l'Esneval (1).

Quelques livraisons, consistant généralement en pains d'orge, étaient la récompense obligatoire ou le salaire de ces services.

En même temps que les services fieffés disparaissaient et étaient remplacés par des rentes en argent, on substituait le cens au champart, sur la demande des tenanciers, qui furent en cela bien avisés ; car ce changement s'opéra principalement à la fin du XVe siècle et au commencement du siècle suivant, et bientôt après on observait une décadence très sensible dans le pouvoir de l'argent, et, par suite, dans l'importance des rentes constituées. Il est vrai de dire que les religieux avaient accordé ce changement par sentiment de bienveillance ; il faut remarquer aussi qu'il y eut, dans le XVIe siècle,

(1) Mention du fief du Bac *feodum bacci*, 1248 ; du fief de la Bouverie, 1300 ; de la terre aux Chambellans, *as Camberlins*, 1248 ; du fief obligeant héréditairement les tenanciers à travailler au jardin des religieux : Laurens de Pavilli est déchargé de ce service, en abandonnant sa livraison de pain et de vin, moyennant 16 l. 3 s. 1 d., janv. 1279 ; — du tènement *lorumarii elemosine Gemmeticensis ecclesie ad sustentationem pauperum* : Ph. de Colomb en fait l'abandon, ainsi que des livraisons en argent et nature qui y étaient attachées (2 sous, 2 pains, 4 gélines), moyennant 4 livres angevines, sans date, probablement de la fin du XIIe siècle ; — de *serjantagium sacristarie Gemmeticencis*, en litige entre Raoul Lermite et Raoul Bonescroe, 1234.

des périodes tellement malheureuses, que, si faible que fût le cens, il paraissait encore assez lourd.

J'ai relevé un grand nombre de contrats relatifs à cette transformation du champart en cens aux années 1505, 1510, 1511, 1553. J'en ai rencontré, pour la seule localité de Duclair, dix qui sont de l'année 1529.

Qu'on suppose le champart maintenu jusqu'à ces derniers temps, ou l'usage des baux adopté au moyen-âge et continué de siècle en siècle, les grandes propriétés féodales se seraient maintenues et se seraient même développées.

L'abbaye de Saint-Ouen nous fournirait des exemples analogues. Mais je crois avoir fait passer sous vos yeux des types assez nombreux et assez fidèlement dessinés, pour vous faire connaître la condition d'une classe importante de la population rurale dans nos contrées.

Ce qui me paraît singulier, c'est que, longtemps après que les services fieffés eurent été abolis dans la plupart des seigneuries, on les conserva pour quelques parties de l'administration.

Ne sont-ce pas en effet des services fieffés que ces sergenteries héréditaires de Normandie, relevées par la dignité de fiefs nobles et par la qualité des personnes qui les possédaient? N'a-t-on pas vu aussi subsister jusqu'à la Révolution des ceps, geôles ou prisons, dont l'entretien et la garde était une dépendance de fiefs nobles ou roturiers?

Autre singularité. On ne voulait plus de services fieffés; mais, dans leurs aveux, les plus hauts seigneurs réclamaient, comme une prérogative de leurs fiefs, les services auxquels ils étaient tenus envers le souverain, et, pour n'en citer qu'un exemple, lorsque Louis XVI vint en Normandie en 1786, Mme de Melmont se trouva très honorée de lui donner à laver, comme dame de la seigneurie d'Orcher, et le procureur général du Parlement de Normandie, M. de Belbeuf, réclama le droit de lui servir le pain, en sa qualité de grand panetier de Normandie et de seigneur du fief de Gouy.

Nos qualifications les plus honorifiques rappelaient des emplois manuels et presque domestiques. Sans doute la pensée du souverain qui en était l'objet ne pouvait que les anoblir; mais il y avait aussi, qu'on s'en rendît compte ou non, une louable protestation contre ces préjugés antiques qui attachaient une idée presque infamante aux professions manuelles.

PIÈCES JUSTIFICATIVES

I

Concordati sunt abbas et conventus sancti Petri Gemmeticensis et Rog. Filluel de Gemmetico tali pacto, quod dictus Rog. relaxat abbati et conventui quicquid ab eis exigebat pro submonicione vilanorum et bordariorum, et singulis diebus habebit in abatia Gemmet. unam mensuram vini sicuti monachi et unum panem et unum bachinum avene et XII minas bladi pro augusto suo ad mensuram serviencium, et ad Pascha unam tunicam de valore XX sol. turonorum et quietanciam pasnagiorum in forestis abbatie, et heredes sui hoc idem habebunt. Et hoc adjudicatum fuit et compositum assisia, die Eschecarii, scilicet martis post octabas Pasche anno Domini M° CC° IX°. coram W. Escuacol, tunc castellano, Johanne de Pratellis, Cadoc castellano Gallunnii, abbate Fiscanni, abbate Montis, Ric. de Argenciis, Ric. de Willk., Rad. filio Giroldi, abbate Gemmet., Decano Roth., Willelmo de Capella, Luca filio Johannis castellani de Gornaio, Robert Bellus filius majore Rothom., Ernaut de Ripa, Rad. Groinet, Nich. de Deppa et multis aliis et omnibus ballie servientibus. (Orig. sc. perdu) *(1)*.

II

Sciant omnes presentes et futuri quod ego Petronilla de Martinivilla, de parrochia S. Pauli juxta Rothomagum tunc temporis, vendidi et concessi et penitus dereliqui viris religiosis domino G., Dei gratia, abbati, et conventui S. Wandregisili, pro septem libris turon. quas mihi pre manibus persolverunt, omnia illa que habebam et poteram in abbatia et in villis dictorum religiosorum, in liberationibus, oblacionibus, decimis, campi partis lini et canobi et in omnibus rebus aliis quibuscunque, quas percipiebam annuatim et singulis diebus, ea ratione

(1) F. de Jumièges.

quod tenebar ministrare filum in dicta abbatia ad suendum vestes monachorum dicti loci. Et pro ista venditione et derelictione dicti religiosi a dicta fili ministratione me et heredes meos penitus quitaverunt. Hanc autem venditionem et concessionem ego predicta Petronilla et heredes mei predictis religiosis et eorum successoribus tenemur garantizare de cetero contra omnes, et dictos religiosos vel successores eorumdem per me vel heredes meos de cetero in aliquibus non potero molestare. Quod ut ratum et firmum futuris temporibus teneatur, presentem cartam sigilli mei munimine roboravi. Actum anno Domini M° CC° quinquagesimo octavo, mense maii. Testibus hiis Osberto dicto Ostiario, Johanne de Spineto, Thoma dicto Escharpin, Willelmo dicto Galopin, Johanne dicto de Ausebosc, clerico (1).

III

CIROGRAPHUM MARESCALLI DOMINI ABBATIS GEMMETICENSIS.

Marescallus domini abbatis Gemmeticensis debet habere cotidie liberationem, scilicet duos panes ad parvum pondus et unam mensuram vini de secundo galero vel alium potum, si conventus bibit alium potum quam vinum, et unum ferculum coquine, scilicet VI ova et IIII^or allectia vel aliud equivalens. Item in omnibus diebus in quibus, per preceptum domini abbatis, itineraverit faciens dietam, ha-

(1) *Cart. de S. Wandrille, F. III, XLV.*

bebit in reditu suo, liberationem, scilicet duos panes ad magnum pondus et unam mensuram vini, sicut servientes domini abbatis, vel alium potum, si conventus bibat alium potum quam vinum, et unum ferculum coquine, scilicet VI ova vel IIII^or allectia vel aliud equivalens. Si autem itineraverit cum domino abbate vel sine domino abbate et dietam non fecerit, non propter hoc habebit liberationem, sed disnorium dabitur ei per manum servientis domini abbatis in camera sua, si voluerit, scilicet unum panem ad magnum pondus et unum ciphum potus. Item si dictus abbas itineraverit, et ipse marescallus cum eo, et abbas comederit in camera sua, marescallus mandúcabit cum eo, si voluerit. Item non potest contradicere quin eat in omnibus negociis domus Gemmeticensis, ad preceptum et expensas domini abbatis. Item in festo Omnium Sanctorum debet habere marescallus I. tunicam de domino abbate, de viridi vel de burneta. Item ad Natale Domini debet habere de cellalario XII denarios ad sotularia et III ad off. (offerendam) (1) et IIII^or de domino abbate. Item in die Natalis Domini debet habere mane II fercula de coquina, scilicet I. de porco et aliud de bove vel aliud equivalens et unum gastellum et IIII^or roissoles et in tribus diebus sequentibus habebit similiter quatuor roissoles tantum cotidie, et in octavis similiter habebit IIII^or rois-

(1) *Le texte porte offs que je crois devoir interpréter* AD OFFERENDAM, *c'est-à-dire pour payer l'offrande au prêtre à l'office de l'église.*

soles. Item ad carniprivium dominorum monachorum, debet habere wantos de pasta (1) et in die martis carnisprivii debet habere mane duo fercula carnis, unum de recenti et aliud de salsata; ad missam I frustrum baconis vel VI. denarios, ad vesperum unum ferculum de agno vel dimidium caponem vel aliud equivalens et unam libram floris; ad mediam quadragesimam unum fuscotinctum. Item ad pascha debet habere de cellelario XII den. ad sotularia et II ad off. (2) et IIII^{or} de domino abbate. In die Pasche II fercula de coquina, unum de porco et aliud de bove vel aliud equivalens et I gastellum et I flatonem et IIII^{or} roissoles, et in tribus diebus sequentibus et in octava Pasche habebit similiter IIII^{or} roissoles cotidie et unum flatonem. Item ad festum Sancti Petri unum quarterium arietis. Item debet habere scoria propria equorum propriorum domini abbatis, si in suo stabulo moriantur, et propriam sellam veterem domini abbatis, quando eam dimittit. Item debet habere libertates suas, in portubus, in foris, in villis, in pasnagiis nostris, de omnibus ad proprios usus suos pertinentibus absque mercimonio. Item debet habere equum suum in stabulo domini abbatis. Item debet habere pro custodia magni prati quinque minas bladi, sicut alii servientes, quamdiu ipsum pratum erit terra cultibilis. Et si ad pratum redierit, habebit mane duos

(1) Gants de pâte, expression analogue à nos mains de pain bénit.

(2) Ad offerendam.

panes de cellalario et I. mensuram potus; ad missam IIII^{or} panes et I. galonem potus ad galonem cellelarii, et duo fercula unius cibi, ad vesperum similiter, ex quo magnum pratum falcari fuerit inceptum donec in domo recondatur. Et de ista liberatione debet vivere marescallus cum serviente suo et cum tercio serviente qui erit cum illo per preceptum cellalarii et debet habere cani suo I. bisetum a medio mense martii donec in domum recondatur et suam logiam unius quadrigate duorum equorum et les sostros (1), scilicet illud quod remanet postfulcam sine appositione rastri. — Hoc est servitium marescauchie quod marescallus debet facere : Marescallus debet itinerare cum domino abbate etiam usque ad Romam, si placeret domino abbati et portare froccum domini abbatis (2)..................
Item debet emere prebendam equorum et fenum et omnia que sunt eis necessaria, si dominus abbas voluerit et preceperit. Item debet ire, in tempore exercitus, cum militibus domini abbatis in exercitum et eis expensas suas emere, si dominus abbas voluerit. Item non debet itinerare extra insulam Gemmeticensem sine licentia domini abbatis nec sanguinem minuere. Si dominus abbas velit facere presentem regi, vel archiepiscopo, vel comiti, aut alio viro nobili, marescallus faciet illum, si domino abbati placuerit. Item debet librare cotidie fenum

(1) Au cartulaire f° 181, on lit *les sostres.*

(2) *Ici, mutilation antérieure à la rédaction du cartulaire, puisque le passage retranché ne s'y trouve pas.*

et avenam vel facere librari, sive sit in abbatia, sive non. Item debet submonere et justiciare vavassores, equites et vavassores pedites de insula Gemmeticensi, Yenville et Maisnilli, quotienscunque dominus abbas vel ejus baillivus jusserint, et submonitiones et justicias garantire. Item debet emere sellas, frena, cingulas et alia ornementa equorum domini abbatis per visionem capellani sui, si domino abbati placuerit. Item si archiepiscopus venerit in abbatiam, vel comes, vel episcopus, vel alius nobilis homo, marescallus debet servire ad honorem domini sui, si abbas jusserit. Item marescallus debet facere talliam cum fabro de ferraturis equorum domini abbatis, si domino abbati placuerit. Et sciendum est quod marescallus non potest accomodare equum suum sine licentia domini abbatis. Ipse autem marescallus debet radere et tondere equos domini abbatis. Et ut hec omnia supradicta robur in posterum obtineant firmitatis, ego frater Willelmus, Dei permissione, dictus abbas Gemmeticensis, et ejusdem loci conventus sigilla nostra presenti scripto dignum duximus apponenda. Similiter ego Ricardus, marescallus, et ego Johannes, presbiter, filius ejus primogenitus et heres, presenti scripto sigilla nostra dignum duximus apponenda. Actum anno Domini M° II^c XXX° IIII°, mense maio.

4 sceaux ; l'un des quatre manque *(1)*.

(1) F. de Jumièges.

IV

NOTE CONCERNANT L'ABOLITION DU CHAMPART A DAUBEUF, EN LA VICOMTÉ DE PONT-DE-L'ARCHE.

« *Comme procès fust meu ou espéré mouvoir entre les religieux (de S.-Ouen de Rouen) et leurs hommes de la baronnerye, terre et sieurie de Daubeuf la Champagne, des paroisses dudit lieu de Daubeuf, Venon et Lignon, touchant les grandes rentes qu'ils estoient tenus de faire, lesquelles charges sont telles qu'il ensuit : c'est assavoir que, en lad. par. de Daubeuf a 480 acres de terres, tenus et subjectz en 24 aisnesses..... nommées..... aisnesses vilaines..... tenuz de payer par les aisnez à Noel 11 s. 6 d., 45 setiers d'avoine à la petite mesure rendus au port de Sayne, au port d'entre Criquebeuf et Elbeuf; en 47 guellines; 71 journées de charue, le tiers au moys de septembre, le tiers au moys de mars, et l'autre tiers au moys de may, et pour chacune journée de charue doibt estre héré (labouré) et herché demye acre de terre; 23 journées et demye d'un homme à hercher à la saison des bledz et autant à la saison des mars ès coustures dudit lieu de ladite baronnerye, touser 98 brebis chacun an, et 24 hommes un jour pour scyer ès coustures, 24 charrettes attelées d'un homme et d'un cheval pour un jour à charier à la grange des religieux les blés au mois d'aoust, du matin jusques* *à tierce, et porter le blé, qui est despencé au manoir desdits religieux, moudre au moulin de Houdouville et rapporter la farine, et ayder à amener et lever le merrien de la grange de ladite baronnerie, et, en outre, 315 œufs à Pasques, à Rouvoisons 23 s. 6 d., à la S.-Jean, 75 poussins, 470 gerbes de blé pour arrière-champartage, et 70 boisseaux et demi de blé à la petite mesure, sans les reliefs, 13*es*, faisances et redevances accoustumées qui ne sont en rien compris avec lesdites rentes, servages et redevances. » — A Venon, il y avait 417 acres, obligées à des services analogues. On faisait valoir « les grandes peines et difficultés qui se présentaient pour partir et équipoller esgallement combien chacune acre desdites terres debvoit porter ». Il y eut, au commencement du XVI*e *siècle, une transaction entre les religieux et les vassaux pour le règlement de ces diverses redevances* (1).

(1) F. de S. Ouen.

Extrait du Précis des travaux de l'Académie des Sciences, Belles-Lettres et Arts de Rouen.

www.ingramcontent.com/pod-product-compliance
Ingram Content Group UK Ltd.
Pitfield, Milton Keynes, MK11 3LW, UK
UKHW032016260826
14628UKWH00006B/2523

9 782019 98749